Jacilene Maria Silva

Feminismo na atualidade

a formação da quarta onda

Recife
2019

Diagramação e revisão: Jacilene Maria Silva
Ilustração da capa: Katsushika Hokusai (1832)

E-mail: jacilenes@yahoo.com.br

S586f Silva, Jacilene Maria

Feminismo na atualidade: a formação da quarta onda / Jacilene Maria Silva. – Recife: Independently published, 2019. 65 p.

ISBN: 9781792874376

1. Ciências sociais.

CDD 300

Outras publicações de Jacilene Maria Silva:

- Identidade vs Alteridade: a identidade justificada pela ética da alteridade, segundo o pensamento de Emmanuel Levinas – 2018;
- Feminismo e Identidade de Gênero: Considerações com base no pensamento de Judith Butler – 2018;
- Identidade de Gênero: os atos performáticos de gênero segundo Judith Butler – 2018;
- Crônicas de Afogamento no Mundo Líquido – 2018.

Sumário

todas nós seguimos em frente quando
percebemos como são fortes
e admiráveis as mulheres
à nossa volta

(rupi kaur)

INTRODUÇÃO

Dito de modo curto e simples, o feminismo é um movimento político que reivindica a libertação da mulher de todos os padrões e expectativas comportamentais baseadas na discriminação de gênero. O feminismo tem própria historicidade que articula luta, militância e fundamentação teórica, tanto que, hoje, está consolidado como o discurso de caráter intelectual, filosófico e político que busca demolir os padrões que conferem base às opressões impostas às mulheres ao longo da história da humanidade.

É bastante comum que se fale em três "ondas" do movimento feminista, esta categorização se dá com base nas reivindicações majoritárias, as que mais se sobressaíram, em cada momento histórico específico. Porém, com a efervescência do interesse no feminismo que se pode verificar como intensificada por volta de 2012, este fato associado ao forte uso das plataformas de redes sociais, parte da academia já fala com segurança que estamos vivendo um momento de quarta onda.

Neste livro, pretendeu-se delinear brevemente o caminho que foi percorrido até chegarmos ao feminismo contemporâneo – a "quarta onda do feminismo". Para tanto, foram abordadas as três ondas que a antecederam, elucidando o que mais se destacou nas demandas e particularidades de cada uma delas, até chegarmos à atualidade, com finalidade de compreendermos algo do sentido da quarta onda do feminismo.

AS ONDAS DO FEMINISMO: BREVE DIGRESSÃO HISTÓRICA

Ao lermos textos sobre feminismo é comum nos depararmos com menções ao "feminismo de segunda onda" ou à "terceira onda do feminismo". O termo "onda feminista" se refere ao tempo histórico em que houve efervescência acentuada de determinadas pautas e problemáticas das mulheres que agiam e tomavam a frente dos debates.

Cada onda feminista tem suas particularidades, bem como as mulheres protagonistas de cada um desses momentos, e tinham demandas principais distintas em certos pontos. Desta maneira, uma das formas de identificar uma "onda" do feminismo é ter como base as principais demandas e os ideais que buscava defender e alcançar naquele momento específico. Isto posto, é bastante comum que se faça a distinção do feminismo como um momento de três ondas principais[1].

Assim, os livros de história geralmente identificam o feminismo como movimento organizado de mulheres que reivindicam reconhecimento e garantias de direitos e que teve origem na metade do século XIX. Entretanto, é óbvio que isso não significa que antes desse período todas as mulheres existentes eram seres humanos completamente submissos e resignados à sua condição de "servas dos homens". Na Revolução Francesa (1789-1799), por exemplo, também houve luta organizada das mulheres por direitos e deveres civis, juntamente aos homens. Aquelas mulheres apoiaram ativamente os ideais liberais, ao lado dos homens, muitas foram às ruas empunhando armas,

---

[1] É muito importante ressaltar que esta categorização em ondas é feita para fins meramente didáticos, pois mesmo quando se verifica concordância com relação a uma ou outra pauta é fato que há teorias e movimentos paralelos diferentes dentro do movimento feminista desde que ele surgiu, e reconhece-se que cada um possui suas particularidades.

acreditando que os direitos a serem conquistados pela revolução seriam estendidos a ambos os sexos. Mas não foi o que aconteceu. Quando foi elaborada a "Declaração dos Direitos do Homem e do Cidadão" as mulheres ficaram de fora desses direitos fundamentais, devendo apenas cumprir seu papel de desenvolver as atividades do lar e da maternidade. Olympe de Gouges, uma dramaturga e ativista política francesa, dois anos depois da Revolução – em 1791 – ousou propor à Assembleia Nacional da França uma "Declaração dos Direitos da Mulher e da Cidadã" e, por isso, foi condenada à morte. Ela foi guilhotinada pelos homens que lutaram na revolução por direitos civis, mas que, ao mesmo tempo, defendiam que a mulher deveria se restringir ao ambiente doméstico, cumprindo adequadamente seu papel de mãe e esposa, longe do espaço público.

Portanto, mesmo antes da Primeira Onda do Feminismo existiram sim mulheres reivindicando direitos, de algum modo, o que aconteceu antes foi somente que não houve a organização dessas mulheres em grupos próprios com finalidade de se insurgirem contra aquilo que sofriam de injusto enquanto a categoria própria de "mulheres".

Primeira onda do feminismo

Dito isso, podemos dizer que aquele período histórico que ficou conhecido como Primeira Onda do Feminismo ocorreu entre o fim do século XIX até meados do século XX e surgiu inicialmente no Reino Unido e nos Estados Unidos, sendo caracterizado pela reivindicação por direitos civis, direitos do âmbito público que os homens já tinham garantidos. Reivindicavam, por exemplo, o direito de participarem da vida pública votando e sendo votadas e a legitimidade para administrar bens e fortunas. Portanto, as reivindicações que mais se destacaram no feminismo de primeira onda foram que as mulheres tivessem direitos de participar da vida política e econômica da sociedade, estes já considerados básicos aos homens pelo menos desde a Revolução Francesa. Até então esses direitos eram negados às mulheres porque o ideal social de uma "boa mulher" era o de que seu lugar sempre foi dentro de casa, cuidando do lar, do marido e dos filhos – sendo o "anjo do lar" a que se refere Virginia Woolf em seu discurso intitulado *Profissões para mulheres* (2013), publicado pela primeira vez em 1931[2]. Assim, as feministas da primeira onda

___

[2] Neste ensaio, a escritora questiona a visão tradicional da mulher

problematizavam a imposição de papéis de submissão e passividade às mulheres, além da sua restrição ao âmbito da vida privada. O ideal que forneceu fundamento às reivindicações desta primeira onda foi o liberalismo[3]. Com base nisso, as mulheres defendiam que homens e mulheres eram iguais tanto moral quanto intelectualmente e, por isso, deveriam ter iguais oportunidades de participação política, de estudos, de desenvolvimento profissional etc.

É fácil notar, por essas demandas principais, que a primeira onda do feminismo era dominada praticamente por mulheres brancas. Ocorre que, embora, na prática, essas mulheres fossem subordinadas de seus maridos ou pais, elas não eram propriedade institucional e jurídica deles como era o caso das mulheres negras estadunidenses, estas tratadas pelo estado como bem jurídico, como "coisa". Logo, as negras nem como seres humanos eram consideradas pela lei, eram tratadas como objetos. Assim, enquanto as mulheres brancas estavam lutando por direito

---

como "anjo do lar" e expõe as dificuldades da inserção feminina no mundo profissional e intelectual da época.

[3] Ideal baseado na defesa da liberdade individual, nos campos econômico, político, religioso e intelectual, contra as ingerências e atitudes coercitivas do poder estatal.

de participação política e econômica, as mulheres negras estavam lutando para serem reconhecidas como seres humanos. Mas as mulheres negras também tiveram seu protagonismo na primeira onda do feminismo. Embora esse fato não seja comumente visibilizado nas histórias "oficiais", existiram mulheres negras feministas desde a primeira onda, analisando sua condição enquanto mulheres também sob o prisma do racismo. O discurso *Ain't I A Woman?* (em português: "Eu não sou uma mulher?") proferido na *Women's Convention* em Akron, Ohio, em 1851 pela ex-escrava, abolicionista afro-americana e ativista dos direitos das mulheres, Sojourner Truth, revela isso. Nesse discurso, Truth argumentou que a cultura nos Estados Unidos colocava as mulheres brancas sob diversos cuidados e lhes concediam certos "privilégios" (principalmente o de não precisar trabalhar fora de casa) em razão de uma suposta inferioridade intelectual e física, porém esta mesma ideia não era estendida às mulheres negras, estas associadas à aptidão ao trabalho duro e à resistência física.

Claro que esses privilégios se estendiam principalmente às mulheres brancas de classe social mais elevada, já que as brancas da classe trabalhadora tinham que trabalhar em fábricas ou no campo e nunca tiveram "liberdade política e econômica" só por isso. No entanto, as mulheres brancas da classe trabalhadora, assim como as brancas ricas, não eram juridicamente consideradas coisas, bem jurídico pertencente a alguém, como as escravas eram, o que lhes conferia algum nível de "privilégio social", qual seja, o privilégio de "sonhar" ser uma princesa de vida luxuosa. Essa ideia de felicidade foi perpetuada durante séculos num dos contos mais populares do ocidente, *A Gata Borralheira*[4], em que uma moça branca pobre é "salva" de uma vida de trabalho sofrido por um homem rico, para se tornar uma princesa e, sob os cuidados desse príncipe encantado, viver "feliz para sempre".

Por isso, o movimento feminista de primeira onda foi bem dividido nesse sentido, pois parte das feministas de primeira onda lutou por algo ainda mais fundamental, a abolição da escravatura, enquanto outra parte se posicionava contra o movimento abolicionista, alegando,

---

[4] A origem dessa história tem diferentes versões, sendo que a mais conhecida é a do escritor francês Charles Perrault, de 1697, baseada num conto italiano popular chamado "La gatta cenerentola".

basicamente, que se homens negros fossem livres, o resultado seria uma perda de direito para elas, mulheres brancas. Deste modo, ao passo que lutavam por direitos para si, essa parte de mulheres participava de grupos supremacistas brancos como o Ku Klux Klan. Podemos citar como exemplo Margaret Sanger, uma enfermeira, escritora e ativista do controle de natalidade nos Estados Unidos, que foi também uma feminista eugenista de destaque da primeira onda do feminismo. Ela era favorável à ideia de restringir os casamentos, promover a esterilização e, assim, eliminar fisicamente grupos de indivíduos que considerava "raças inferiores" ou "pessoas inadequadas". Para Sanger, este meio era a maneira que ela encontrou como condução para uma "raça mais limpa", "puro-sangue". Apesar disso, Sanger ainda é comumente associada ao pioneirismo do planejamento familiar nos Estados Unidos, mesmo que seja sabido que por trás desse "planejamento familiar" houvesse uma prática genocida, de extermínio, de eliminação das pessoas "não-brancas" (isto é, pessoas negras, asiáticas, latinas etc.).

No Brasil, a partir do século XIX, as mulheres começavam a buscar o rompimento das condições que lhes eram impostas a partir da luta por direito à educação e participação na vida política. Foi movida pela reivindicação por mudanças que Nísia Floresta (1810 – 1885), intelectual, educadora e escritora, publicou, em 1832, a "tradução livre" do livro *Vindication* de *Mary Wollstonecraft* (publicado pela primeira vez no Reino Unido em 1792) intitulada "Direito das Mulheres e Injustiça dos Homens". Mulheres, no Brasil não tinham direito a cursar universidade, poucas tinham acesso à leitura, a única função social era a maternidade, assim, eram mantidas na ignorância. Até existiam algumas escolas para moças, mas que lhes oferecia um horizonte restrito demais. Assim, a estratégia dessas mulheres foi lutar por educação. Nísia Floresta fundou no ano de 1938, no Rio de Janeiro, a primeira escola para mulheres, na qual, durante dezessete anos, ensinou história e línguas, matérias das quais as mulheres eram excluídas naquele tempo.

No entanto, o movimento feminista no Brasil só começou a ganhar força no início do século XX, tendo como um dos momentos mais marcantes a conquista do direito ao voto, no ano de 1932, no governo do presidente Getúlio Vargas.

Uma das primeiras medidas de Vargas foi constituir uma comissão de juristas para reformar o sistema eleitoral brasileiro. Ao fim dos debates e divergências nessa comissão, o voto feminino ainda tinha restrições. Apenas as mulheres viúvas ou solteiras com renda própria poderiam votar. As mulheres casadas, mesmo que também tivessem renda própria, fruto de atividade profissional, só poderiam votar se autorizadas pelo marido. [...]
Ouvindo o apelo das mulheres a essas restrições, Vargas revisou pessoalmente o texto da comissão, e o decreto do novo Código Eleitoral, publicado em 24 de fevereiro de 1932, acolheu o voto feminino sem condições excepcionais. As mulheres poderiam votar e serem votadas. (MARQUES, 2018, p. 106)

O movimento de primeira onda se deu até a metade do século XX, isto é, até a época da Segunda Guerra Mundial (1939-1945). Nos meios de comunicação social eram veiculadas maciçamente notícias da Guerra, focando na mensagem de que as pessoas tinham o dever moral de "servir a pátria" lutando na guerra para defender seu país. Essa mensagem foi direcionada também para as mulheres. Elas eram chamadas para servir atuando no "front interno" ou como enfermeiras, próximo aos campos de batalha, nos campos de cuidado dos feridos. Foi dessa maneira que mulheres passaram de condicionadas socialmente à vida privada, para pessoas que podiam exercer, de alguma maneira, papéis na vida pública. Assim, as mulheres puderam provar que tinham capacidade plena de exercer funções não restritas ao ambiente doméstico.

Segunda onda do feminismo

Nos anos 50 identificam-se os primórdios do que se chamou de segunda onda do feminismo, exatamente após a publicação de *O Segundo Sexo*, de Simone de Beauvoir, no ano de 1949. Nesta fase se inicia a discriminação entre sexo e gênero, onde sexo passa a ser entendido como uma característica biológica, e gênero, como uma construção social, um conjunto de papéis impostos à pessoa a depender de seu sexo. O fundamento deste entendimento está no famoso trecho de *O Segundo Sexo* que afirma que

> Ninguém nasce mulher: torna-se mulher. Nenhum destino biológico, psíquico, econômico define a forma que a fêmea humana assume no seio da sociedade; é o conjunto da civilização que elabora esse produto intermediário entre o macho e o castrado, que qualificam de feminino. (BEAUVOIR, 1967, p. 9)

A citada obra de Simone de Beauvoir é um marco da segunda onda do feminismo. Em sua obra, esta filósofa desafiou ideias relacionadas à mulher que até então não tinham sido questionadas de maneira tão ampla, ela quebrou tabus rígidos e, por isso, foi duramente criticada. Quando foi lançado, *O Segundo Sexo* foi uma afronta social, foi recebido com vociferações indignadas e raivosas. O Papa proibiu os fiéis de ler *O Segundo Sexo*, adicionando-o ao *Index Librorum Prohibitorum*[5]. A motivação de tanta cólera foi que o livro desafiou tabus sagrados para a sociedade cristã, principalmente a ideia de que a mulher era naturalmente inferior ao homem, que sua vulnerabilidade estava intrínseca à sua natureza, à biologia. Simone cometeu "o sacrilégio" de demonstrar que as mulheres foram condicionadas à inferioridade através de ficções socialmente construídas, não pela natureza. Este livro, no entanto, teve esgotados os 22 mil exemplares postos à venda no lançamento em apenas uma semana, e não há dúvida de que foi a mola propulsora no movimento de libertação das mulheres das décadas seguintes.

---

[5] Foi uma lista de publicações proibidas pela Igreja Católica vigente desde a metade do século XVI e abolida em 1966 pelo Papa Paulo VI.

O que as feministas de segunda onda buscaram foi à compreensão da origem da condição feminina, isto é, elas queriam entender as razões que fundamentam a opressão sofrida pelas mulheres. Queria se entender qual deveria ser o elemento essencial que une todas as mulheres sob a mesma condição, ou seja, o que todas as mulheres existentes, indiscriminadamente, têm em comum que justifique estarmos todas em situação de vulnerabilidade se comparadas aos homens, de forma geral. A resposta para essa questão seria: o sexo, a prerrogativa de engravidar.

Foi a partir da "constatação" desse fator comum, que igualava todas as mulheres, que surgiu, também nessa época, a ideia de coletividade, de união entre mulheres enquanto movimento com força e capacidade para provocar alterações reais na sociedade. Por isso, um dos principais jargões da segunda onda do feminismo é *sisterhood is powerful* (a sororidade[6] é poderosa). Assim, uma das táticas das quais as feministas dessa época se valiam era a de estimular a conscientização das mulheres através de

---

[6] Neologismo com sentido de "irmandade entre mulheres".

atividades coletivas, de modo a possibilitar e favorecer o empoderamento das mulheres enquanto coletividade.

Foi esse contexto que deu origem ao que ficou conhecido por "feminismo radical", um termo que se refere ao sentido de *raiz* da opressão machista", esta raiz tida como ter uma biologia de fêmea e, por isso, ser especificada com base na genitália e capacidade de reprodução. Sob a ótica do feminismo radical, a mulher é socialmente condicionada e explorada em razão do sexo e das suas funções reprodutivos e o patriarcado é o sistema responsável por essa opressão, sendo o gênero sua ferramenta.

Até então, a mulher esteve ligada, social e economicamente, à sua função reprodutiva – raiz da redução da mulher ao papel de mãe e esposa – e o patriarcado, assim como o capitalismo, se fundou também na exploração dessa função. A "condição de procriação" enquanto limitação à mulher era um "fardo da natureza", algo difícil de controlar. Por isso, não é exagero afirmar que a invenção da pílula, no ano de 1962, foi o fator que provocou a maior revolução na história em matéria de gênero. A maneira como as mulheres se relacionariam com o próprio corpo mudaria completamente, de maneira que engravidar não seria uma consequência desagradável da prática sexual, mas poderia ser algo escolhido. Por influência dessa grande mudança a respeito da relação da mulher com o próprio corpo, se percebe que a segunda onda se distingue como a fase em que aquilo que antes era restrito à esfera particular, agora foi trazido ao âmbito público com as discussões acerca da liberdade sexual da mulher e na luta pelos direitos reprodutivos, por isso, *o pessoal é político* foi um dos slogans dessa época.

As feministas de segunda onda tinham suas demandadas muito ligadas à ideia do corpo feminino, assim, tinham o corpo enquanto fator relevante à luta feminista, por isso suas críticas e protestos se direcionavam bastante às explorações sobre o corpo da mulher. Foi com intuito de denunciar e acabar com a exploração comercial às mulheres, que ativistas protestaram no concurso "Miss America" de 1968, dispondo no chão do local do evento sutiãs, sapatos de salto alto, maquiagens, cílios postiços, sprays de laquê, revistas femininas, espartilhos, cintas e outros objetos que simbolizavam o que deveria ser entendido como "beleza feminina". Este protesto, inclusive, tornou-se lendário, conhecido como "queima de sutiãs" (em inglês, "Miss America protest", ou simplesmente *"bra-burning"*) e contou com a participação de cerca de 400 ativistas do *Women's Liberation Movement* (WLM). Na verdade, sutiãs nunca chegaram a ser realmente queimados nesse evento, afinal, por se tratar de um espaço fechado, não foi autorizada uma ação desse tipo, porém, a atitude das manifestantes entrou para a história. Protestos como esse, nos anos de 1968 e 1969, marcaram a segunda onda, essas mulheres entendiam que os concursos de beleza tratavam as mulheres como objetos, eram percebidos como veículos propagadores de uma visão arbitrária e opressora em relação a como mulheres deveriam parecer e se comportar.

Em razão dessa preocupação com a exploração do corpo da mulher, as feministas de segunda onda são as pioneiras quanto à crítica à pornografia, além de aprofundarem a crítica à prostituição – esta, iniciada por feministas marxistas. Nesse período, também são largamente estudadas e discutidas temáticas como a exploração da mulher através da maternidade e através do casamento, também a utilização da violência sexual e do estupro enquanto ferramenta de manutenção do poder masculino, todos ligados à questão da sexualidade da mulher sendo explorada pelo sistema patriarcal.

Nessa época, no Brasil, ocorria que a imposição dos papéis de família estabelecidos pelo sistema patriarcal – segundo o qual a mulher tem que ocupar o papel de mãe e esposa, caso contrário era considerada "sem honra" e sofreria as sanções sociais disso – era tão forte que o Código Civil vigente, de 1916, previa a necessidade de expressa autorização do marido para a mulher realizar diversas atividades da vida civil, pois era considerada "relativamente incapaz" por essa lei. A situação permaneceu assim até 1962, quando a Lei 4.121 alterou vários artigos do Código Civil, possibilitando a mulher se tornar economicamente ativa, sem necessitar de prévia autorização do marido. Logo, a mulher passou a ter direitos também sobre seus filhos, compartilhando o pátrio poder[7] e podendo também requisitar a guarda em caso de separação. Porém, o divórcio ainda não existia, existia apenas o

---

[7] O Código Civil de 2002 optou por utilizar o termo "poder familiar" no lugar de "pátrio poder", tendo em vista que este, etimologicamente, remete a "pai".

desquite – que encerrava a sociedade conjugal, com a separação de corpos e de bens, mas não extinguia o vínculo matrimonial. Assim, pessoas desquitadas não podiam casar novamente. As mulheres desquitadas eram estigmatizadas, pois se voltassem a se unir a alguém, a união não tinha respaldo legal. Segundo o termo jurídico, esse tipo de casal vivia "em concubinato", sendo alvo de muito preconceito, principalmente a mulher – que deixava de ser esposa para ser "concubina" – e seus filhos. O divórcio só passou a ser permitido em 1977, pela Lei 6.515.

> A Lei do Divórcio permitiu que centenas de milhares de homens e mulheres voltassem a casar no civil para constituir famílias legítimas aos olhos da lei. Mas a aprovação desse instrumento, um marco na história do direito de família, não foi fácil. O Brasil acabou sendo um dos últimos países do mundo a instituir o divórcio. Dos 133 Estados integrantes das Nações Unidas na época, apenas outros 5 ainda não o permitiam. (BELTRÃO, 2017)

Embora buscassem universalizar as demandas do feminismo, ainda era fato que a grande maioria das autoras e militantes feministas radicais eram mulheres brancas, de classe alta e inseridas na universidade, o que influenciava suas análises, estas muitas vezes consideradas insatisfatórias, incapazes de contemplar outros grupos de mulheres, estas que reivindicavam que suas condições específicas – como raça e classe, por exemplo – fossem consideradas para além de um sentido de "mulher universal".

Mulheres lésbicas, mulheres da classe trabalhadora e mulheres negras deram início ao que podemos chamar de um feminismo identitário. Segundo essas feministas, as diferenças existentes entre mulheres – tais como diferença de classe, de raça/etnia e sexualidade – mesmo que sejam contingenciais, são decisivas nas experiências que vivenciarão a partir da imposição social do papel que deverá exercer, bem como na determinação do tipo de opressão quem virá a sofrer. Daí então emergiu aquela que conhecemos como terceira onda do feminismo.

Terceira onda do feminismo

A época dos anos 80 para os anos 90 do século XX foi marcada por diversos eventos históricos importantes que trouxeram mudanças consideráveis para o mundo ocidental, tais como a queda do Muro de Berlim (1991), a dissolução da União Soviética (1991), dissolviam-se ditaduras militares na América Latina como a da Argentina

(1981), a do Brasil (1985), a do Chile (1990). Vivia-se um forte momento de perspectivas sociais renovadas. Por outro lado, o imperialismo cultural dos Estados Unidos só crescia e ganhava cada vez mais força nos meios de comunicação do mundo inteiro. Os "enlatados americanos" estavam nas partes mais remotas do mundo. É justamente nesse contexto global de mudanças tão significativas na política e, por conseguinte, no comportamento das pessoas, que identificamos a época que chamamos de terceira onda do feminismo.

A terceira onda surgiu com propósito questionador, sendo fortemente marcada por uma concepção pós-estruturalista e contestando as definições essencialistas do sentido de mulher que, por se apoiarem especificamente nas experiências vividas por mulheres brancas integrantes de uma classe economicamente privilegiada da sociedade, resultava numa ideia genérica e simplificada que dizia ser somente uma construção social baseada no sexo a fonte de todo tipo de desigualdade entre homens e mulheres. Assim, a terceira onda do feminismo buscou responder ao que se compreendia como "falhas da segunda onda", além de uma redefinição das estratégias dessa fase anterior.

As feministas de terceira onda questionavam o sentido de mulher levantado nos discursos da onda feminista que lhes precedeu, uma noção de mulher universal e indiscriminada, resumida essencialmente no seu sexo. Por isso, nessa fase, o movimento passou a aprofundar os debates já travados nas gerações anteriores, na busca de compreender os papéis e funções atribuídos às mulheres na sociedade com base nas suas condições sociais, para além do fato puro e simples de ser um "ser humano fêmea". Dessa maneira, a terceira onda buscou que fossem reconhecidas e consideradas as diversas identidades femininas, entendendo que as opressões sociais, mesmo que baseadas no gênero, atingem de maneiras diferentes mulheres que se encontram sob diferentes condições factuais. Por exemplo, estereótipo de feminilidade, o comportamento doce, delicado e gentil imposto como adequado e até natural das mulheres não chegou às mulheres negras do mesmo jeito, foi o que Sojourner Truth questionou quase um século atrás em "eu não sou uma mulher?". Da mulher negra, a estrutura social machista que também é racista esperava acidez, hostilidade e grosseria, de maneira que, para a mulher negra, reivindicar o direito de ser doce, delicada e gentil era sim um ato de revolução ao racismo atravessado pelo machismo. À mulher sertaneja, do campo, de regiões rurais muito influenciadas pelo moralismo religioso, mulheres que foram proibidas pelos pais, maridos e irmãos de usar maquiagem, unhas coloridas, depilar as pernas etc. porque essas eram "coisas de puta", para essas mulheres, passar um batom vermelho é revolucionário. Assim, na terceira onda, as abordagens micropolíticas tinham a preocupação de responder *o que é* e *o que não é* melhor para cada mulher.

A ideia, portanto, girava em torno de que era fundamental reconhecer as variedades de identidades e diferentes experiências de mulheres distintas. Termos e conceitos como *sisterhood* (sororidade) passaram até a serem evitados, quando não problematizados e desconstruídos mesmo, exatamente porque passaram a ser considerados excludentes com diversas mulheres existentes[8].

---

[8] Notemos que a origem do termo sisterhood – ou sororidade, em português – deriva da palavra "sister", ou irmã", uma pessoa que se tem como irmã é alguém que se reconhece como igual, da mesma origem que eu, e aí que reside o problema da ideia de sororidade, as feministas de terceira onda criticavam essa ideia de união/unidade defendida pela segunda onda porque perceberam que tal ideia implicava numa anulação das especificidades de cada grupo de mulher

Foi a partir daí que a ideia de interseccionalidade ganhou força dentro do feminismo. A obra *Mulheres, Raça e Classe* (2016), de Angela Davis, que teve sua primeira publicação em 1981, nos Estados Unidos, é tida como uma célebre referência nesse sentido, porque levou para o centro do babate a associação do gênero às categorias de raça e classe, de maneira a fragmentar o discurso da universalidade do conceito de mulher. É sob esse cenário que o feminismo negro se fortalece e cresce enquanto vertente feminista independente. Por isso que, embora a locação história da terceira onda seja reconhecida na maioria dos livros de história a partir da década de 1990, é fato que sua origem tem raízes ainda em meados da década de 1980.

No ambiente não acadêmico underground, por volta de 1990, surgia uma movimentação punk feminista, cuja ideologia consistia em desafiar o neoliberalismo. Assim, defendiam a insurreição ao corporativismo burguês mediante a ideia do *"do it yourself"* (faça você mesmo*)*. O movimento que mais se destacou nessa época foi o Riot

em prol de uma ideia universalista de mulher.

Grrrl, surgido em Washington, Estados Unidos. O termo Riot Grrrl pode ser traduzido como "menina rebelde" e suas ações incluíam bandas de música punk, confecção de zines que tratavam de assuntos como estupro, o patriarcado, a sexualidade e o empoderamento feminino, além de manifestações artísticas como performances, por exemplo. A cantora estadunidense, musicista, ativista feminista e escritora de fanzine, Kathleen Hanna, da banda punk Bikini Kill, é uma das pioneiras do movimento Riot Grrrl. Com ela, ficou famoso o bordão *"girls to the front"* (meninas para frente), porque nos shows da Bikini Kill ela dizia para os homens irem para o fundo e as meninas para frente para que pudessem abrir as rodas punks se sentindo mais seguras, sem risco de serem agredidas por homens. Desta maneira, mais meninas eram estimuladas a participarem dos festivais e se levantarem a para se expressar. No Brasil, o movimento Riot Grrrl chegou por volta da metade dos anos 90. Representaram esse movimento no Brasil bandas como Dominatrix (São Paulo), Bulimia (Brasilia-DF), TPM – Trabalhar Para Morrer (São Paulo-SP), Cosmogonia (São Paulo-SP), Anti-Corpos (São Paulo-SP). Em suas músicas, essas bandas defendiam o protagonismo das mulheres nos mais diversos ambientes, principalmente no punk, onde há muito machismo dissimulado de contracultura libertária, configurando um ambiente que excluía mulheres. No ano de 1998, a banda Bulimia gritava que "punk rock não é só para o seu namorado". A seguir, um trecho da letra da música:

> [...] Você sempre quis tocar
> Você sempre quis andar de skate
> Você que sempre quis, quis, quis
> Você não é um enfeite
>
> Punk Rock não é só pro seu namorado
> Punk Rock não é só pro seu namorado
>
> Faça o que tiver vontade
> Mostre o que você pensa
> Tenha a sua personalidade
> Não se esconda atrás de um homem [...]

As pautas do movimento Riot Grrrl apresentavam certa similaridade com as das feministas de segunda onda, mas, sem dúvida, rejeitavam um certo tom "moralista" para o qual se direcionava muitas vezes o discurso das feministas de segunda onda, sobretudo quando o assunto era pornografia e prostituição. Pode-se dizer que há, pelo menos, dois tipos de prostituta no que se refere à liberdade de escolha: a vítima das circunstâncias externas a ela, que não teve outra escolha a não ser a prostituição; e há a que de fato está satisfeita e escolheu que quer exercer a prática que exerce. Claro que num mundo assolado por desigualdades sociais gritantes, a primeira categoria é muitíssimo mais comum, o que faz da prostituição uma problemática social de classe, raça e gênero, antes de ser uma questão de liberdade de escolha. Assim, é fundamental que todos os fatores sociais que levam à prostituição sejam tratados para que a prática não seja alternativa forçada pelas circunstâncias às pessoas em situação de vulnerabilidade social. Porém, o problema das feministas de segunda onda é que, para elas, a segunda categoria citada é algo absurdo e impensável sob quaisquer circunstâncias, indigno, uma falácia até, conceber a ideia de que uma mulher possa escolher vender sexo. Virginie Despentes, em seu livro *Teoria King Kong* (2016), traz um capítulo no qual trata as temáticas pornografia e prostituição sob um ponto de vista de denúncia das hipocrisias da sociedade contemporânea. No capítulo intitulado *Pornofeiticeiras*, do livro citado, a autora – punk, que já trabalhou de babá, até prostituta e resenhista de filme pornô – traça um ponto de vista crítico ao discurso antipornográfico defensor da proibição da prostituição como "solução deste problema", o apontando como moralista e hipócrita:

> Elas (as proibições) não impedem que a "dignidade" continue sendo bastante útil toda vez que se trate de limitar a expressão sexual...
> As condições de trabalho das atrizes, os contratos aberrantes que elas assinam, a impossibilidade de controlar o uso da própria imagem quando abandonam a profissão, ou de serem remuneradas quando sua imagem é utilizada, essa dimensão da dignidade feminina não interessa aos censores. O fato de não existir nenhum centro de apoio especializado em que elas possam encontrar informações diversificadas sobre as particularidades de sua profissão não interessa aos poderes públicos. Há uma dignidade que os preocupa, e outra que não interessa a ninguém. [...]
> As garotas que cobram pelo sexo, que lucram com ele e continuam autônomas e com uma vantagem concreta a partir da posição de fêmeas, estas devem ser punidas publicamente. Elas transgrediram, não aceitaram o papel de boa mãe nem de boa esposa, menos ainda o de mulher respeitável – não existe maneira mais radical de ser expor do que fazer um filme pornô – elas devem, então, ser socialmente excluídas [...] (DESPENTES, 2016. p. 80)

Despentes nos mostra que as pessoas esperam que a mulher que se prostitui necessariamente sofra, pois na mulher que escolhe ser prostituta há o domínio de uma espécie sutil de poder, uma autonomia sobre o próprio corpo tão extrema que ela se torna inimiga das "pessoas de bem". Ao passo que na mulher que sofre e foi obrigada a se prostituir há a dor e o sofrimento que acometem quem ousa vender "algo tão sagrado" quanto o sexo. A penalidade social é o estigma de prostituta que é fixado como uma marca que jamais abandonará a mulher – quem nunca ouviu dizerem "não existe ex-puta"? É essa a penalidade dada à mulher, que nunca mais será aceita como "mulher decente", algo envaidecedor para quem acredita possuir essa prerrogativa, a de ocupar o melhor lugar que a sociedade reservou para uma mulher feliz: o lugar de esposa de um bom homem e mãe de lindos filhos. Assim, Virginie Despentes afirma que é hipócrita este suposto ímpeto de salvação da mulher prostituta.

Quando uma mulher que se prostitui afirma que é satisfeita e contente sendo prostituta, as pessoas simplesmente não aceitam que ela não relate uma realidade miserável e sofrida. Para desacreditar qualquer depoimento contrário ao sofrimento que implora salvação as pessoas simplesmente acreditam que o depoimento é mentiroso. Monique Prada, prostituta e ativista pelos direitos das trabalhadoras sexuais, escritora do livro *Putafeminista* (2018), afirma que as pessoas desacreditam a fala de uma mulher que se prostitui e foge da curva da coitada, indigna e humilhada, colocando-a na posição de vítima de síndrome de Estocolmo, que louva o próprio algoz. Monique afirma com firmeza que gosta do que faz, o que o torna duro são as "outras coisas" envolvidas, isto é, as punições sociais. É claro, porém, que pensar a prostituição não pode deixar de passar pela questão de classe, porque não é mesma a liberdade de escolha de uma mulher com condições financeiras de escolher qualquer outra coisa e a liberdade de escolha de uma mulher pobre passando fome e desesperada. Se não for pensado também por esse prisma, caímos na falácia da liberdade de escolha plena independente das circunstâncias materiais. Outra questão, é o fato de que há uma indústria do sexo misógina, dominada e feita por e para homens que exploram, vendem e lucram com o abuso do sexo de mulheres, de modo que é esse sistema que deve ser alvo de combate e críticas, não a mulher que decide se prostituir. O que essas mulheres precisam é de proteção e apoio para permanecerem com segurança ou saírem da prostituição, se assim quiserem, apenas. Não se trata, então, de defender a existência da indústria da pornografia e da prostituição, ambas compreendidas por diversas estudiosas do assunto, muito legitimamente como meios de "estupros pagos", como uma grave problemática social, o que os apontamentos de Despentes nos traz é uma provocação, uma questão em aberto, um convite a pensarmos um pouco mais sobre o assunto.

Pode-se dizer, portanto, que o grande denominador comum aos movimentos de terceira onda está na crítica às narrativas prontas de liberação de estereótipos de feminilidade e de vitimização, além da busca pelo desmoronamento de pensamentos indiscutíveis, claros, definidos, no que se refere ao conceito de mulher, características da segunda e da primeira onda. O objetivo passou a ser o reconhecimento de diversas identidades femininas e o abandono da ideologia do "feminismo vítima". Assim, as feministas se apropriaram daquilo que suas precursoras entendiam como comportamentos e símbolos de feminilidade estereotipados e opressivos, e vestiram os sutiãs, passaram os batons e calçaram os saltos altos, em defesa da liberdade individual de cada mulher se vestir como quiser e fazer o que quiser fazer. Mas, como só há liberdade de escolha na medida em que há de fato "margem de escolha possível" e mais, educação crítica para autonomia de pensamento à prática do escolher, a crítica aos estereótipos comportamentais impostos às mulheres ainda vai aparecer muito como pauta feminista. A "liberdade de escolha" de cada mulher foi defendida indiscriminadamente, inclusive na revisão da problemática da pornografia e da prostituição. A prostituição e a pornografia, inclusive, passaram a ser retiradas do espectro da "violência à dignidade da mulher" para serem estudadas no espectro da sua sexualidade, tida até como possibilidade de desconstrução do ideal de mulher pura e santa, à imagem da Virgem Maria, tão vislumbrada para as filhas e esposas brancas nascidas e criadas na classe média.

Um grande exemplo de manifestação dessa ideia é movimento *Marcha das Vadias* (em inglês *"SlutWalk"*). O movimento surgiu porque, em janeiro de 2011 na Universidade de York, no Canadá, um policial, ao falar sobre segurança e prevenção aos crimes sexuais, afirmou que "as mulheres deveriam evitar se vestir como vadias, para não serem vítimas de ataques", assim um protesto ocorreu no dia 3 de abril de 2011, em Toronto, e desde então se internacionalizou, tendo se estendido por diversas cidades pelo mundo ocidental, em ações coordenadas, visando protestar contra a crença da que as mulheres vítimas de estupro são responsáveis pelos atos de violência sexual em razão das roupas tidas como "provocantes" que usam. Por isso, é comum nesse protesto as mulheres se vestirem com esse tipo de roupa. Há nesse movimento, portanto, a intensão de resinificar a palavra "vadia", retirando-lhe a conotação pejorativa.

Interessa ressaltar que o sentido pejorativo atribuído à palavra "vadia" evidencia as expectativas de papéis sociais que se espera que mulheres e homens cumpram, isto é, desmascara os papéis sociais de gênero. "Vadia" e "vagabunda" são palavras usadas para dizer que uma mulher não corresponde ao papel social de esposa – quer seja em ato ou potencialmente – que ela deve cumprir, pois se trata de uma mulher de vida sexual ativa e desprovida de pudores, semelhante ao comportamento socialmente esperado de um homem. Assim, é considerada devassa ou imoral e "não serve para casar". Por outro lado, um homem "vadio", "vagabundo" é como costuma se dizer de um homem considerado desocupado, dado ao ócio, que não corresponde ao papel social de provedor de uma família, pois não trabalha, não constrói patrimônio para sustentar uma família. Diante disto, notamos que, ao analisar o sentido que a sociedade confere à palavra "vadia(o)", nós confrontamos uma questão muito maior, que é o problema das expectativas comportamentais que são impostas às pessoas, com base nas noções socialmente construídas de masculinidade e feminilidade. O exercício de analisar as palavras da nossa língua, aliás, muito comumente nos revela os papéis de gênero estipulados socialmente. Você já analisou, por exemplo, a formação das palavras "matrimônio" e "patrimônio"? O sufixo de origem latina "mônio" indica "ação, estado ou condição", ao passo que os prefixos "patri" e "matri", se referem a "pai" e "mãe", respectivamente, como sabemos. Vejam só, "matrimônio", palavra que é sinônimo e "casamento", quer dizer, etimologicamente, "condição, estado ou ação da mãe", este termo é capaz de revelar que o lugar social estipulado para a mulher enquanto "mãe", é o lar, o casamento, é dentro de casa. Por outro lado, a palavra "patrimônio", palavra que significa conjunto dos bens familiares, riqueza, propriedade, quer dizer "condição, estado ou ação do pai", relevando que o lugar social estipulado para o homem, o "pai" é o de dono e administrador dos bens, da economia familiar.

O MUNDO DA INTERNET: A QUARTA ONDA DO FEMINISMO

A internet causou uma revolução em relação à comunicação, e o feminismo não demorou a chegar com força na internet. Nunca antes no mundo se experimentou a comunicação global e rápida como experimentamos hoje e, devido às peculiaridades da explosão do feminismo dentro desse contexto, já possível afirmar com segurança que estamos vivendo um momento de quarta onda do feminismo. Logo, já adiantamos que a quarta onda do feminismo é caracterizada principalmente pelo uso maciço das plataformas de redes sociais com fim de organização, articulação e propagação da ideia de que a igualdade entre os sexos ainda é uma ilusão. Já se diz que quarta onda do feminismo responde ao ressurgimento do interesse no feminismo iniciado por volta de 2012, associado ao uso das plataformas de redes sociais – tais como do Facebook, Twitter, Instagram, YouTube e Tumblr. Assim, a quarta onda do feminismo surge mediante o avanço das tecnologias de informação e comunicação, sendo usadas para contestar a misoginia, o sexismo, a LGBTfobia e vários tipos de desigualdades e violências de gênero.

É fato que o feminismo se apropriou com força do ambiente virtual, de maneira que a internet foi fundamental para isso que está acontecendo hoje, mas a quarta onda do feminismo não tem a ver somente com "ciberativismo". A popularização da internet tem influência crucial no despertar do novo feminismo, porque deu voz a outros grupos de mulheres que o movimento feminista tradicional não foi capaz de representar, tais como as mulheres de países periféricos. Mulheres que vivem sob as condições próprias de países que apresentam baixos indicadores de desenvolvimento socioeconômico e humano encontram na internet a possibilidade de se organizarem e falarem sobre o feminismo que se refere e pode se aplicar a elas. É notável que as três ondas feministas até então têm como centro de discussão o contexto socioeconômico e político dos

Estados Unidos e países de centro, basicamente. Por isso, o feminismo da atualidade, que emerge na era digital, é diferenciado das três ondas que emergiram no século XX.

Deste modo, a quarta onda do feminismo é intrinsecamente ligada às demandas das pessoas das regiões periféricas do ocidente, aquelas pessoas que nunca antes – ou muitíssimo mal – tiveram espaço para se manifestarem e serem ouvidas, mas na internet encontraram esse espaço. É o caso das mulheres dos países da América Latina. Na internet, essas mulheres encontraram oportunidade para articular a própria luta contra a violência de gênero – violência esta que se manifesta de diversas formas tanto no ambiente público quanto no âmbito privado. O bordão "Ni Una Menos" (em português "Nenhuma a menos") é um grande exemplo desse tipo de articulação. O marcador surgiu depois de uma tragédia ocorrida na Argentina no ano de 2015, quando a adolescente Chiara Páez, de 14 anos, foi assassinada pelo namorado de 16 anos, ela estava grávida e foi enterrada no quintal da casa dos avós dele com a ajuda dos pais. O assassinato de Páez gerou uma grande comoção e um grupo de jornalistas e escritoras começou a se manifestar sob a expressão "Ni Una Menos". Este caso desencadeou uma mobilização sem precedentes na Argentina no combate à violência contra a mulher. O movimento "Ni Una Menos" colocou os feminicídios na agenda política da Argentina e conseguiu, pela primeira vez, que o poder público divulgasse estatísticas dessa espécie de violência, relevando que no país uma mulher era assassinada a cada 30 horas, em média.

O "Ni Una Menos" voltou a tomar as marchas em defesa da vida das mulheres, quando, no ano seguinte (2016) também na Argentina, a jovem Lucía Perez, de 16 anos, foi drogada, brutalmente violentada, empalada e morreu após ser deixada num hospital por dois homens, de 41 e 23 anos, acusados do crime. Este crime monstruoso chocou a população e provocou muita indignação, fazendo de "Ni Una Menos" uma causa que ultrapassou as fronteiras argentinas. Passeatas com base na ideia de "Ni Una Menos" já foram realizadas no México, no Peru e no Chile, Equador e outros. E não poderia ser para menos, segundo a ONU, a América Latina é o local mais perigoso do mundo para quem é mulher, fora de uma zona de guerra. De acordo com dados do órgão internacional, 14 dos 25 países que apresentam as taxas mais altas de feminicídio estão na América Latina e no Caribe. Na avaliação, o feminicídio e a violência sexual estão associados aos deficits de segurança, à impunidade generalizada e a uma cultura machista depreciativa da população do sexo feminino.

No caso do Brasil, a violência contra mulher coleciona casos não menos aberrantes do que os dois mencionados anteriormente. Como, por exemplo, em 2016, no Rio de Janeiro, quando uma adolescente de 16 anos, cuja identidade foi ocultada pela polícia, foi dopada e estuprada por 33 homens. Os estupradores, armados de fuzis, filmaram o ato criminoso e postaram o vídeo na internet, tamanha a sensação de que a impunidade era certa – para dizer o mínimo. A frase "quando acordei tinham 33 caras em cima de mim" – afirmação da vítima em depoimento à polícia – se tornou marcador de diversos protestos como a *Marcha das Vadias* daquele ano.

Os números da violência contra a mulher no Brasil são estarrecedores, o Brasil ocupa o 5º lugar no ranking mundial de Feminicídio, a média é de 13 mortes por dia, o dado está de acordo com o Alto Comissariado das Nações Unidas pra os Direitos Humanos (ACNUDH) [9]. Por isso, a partir de 2015, o Brasil, através da Lei 13.104 alterou o Código Penal, tipificando o feminicídio como "homicídio doloso contra a mulher por razões da condição de sexo feminino" e considerando "que há razões de condição de sexo feminino quando o crime envolve: I – violência doméstica e familiar; II – menosprezo ou discriminação à condição de mulher". Antes dessa alteração, quando um homem assassinava uma mulher não se fazia questão sobre quais as motivações que existiam por trás do crime, se podia ser – como muitas vezes é – misoginia.

A maioria dos crimes de feminicídio no Brasil ainda é cometida por maridos e namorados das vítimas. Muitas das mulheres assassinadas por seus companheiros já recebiam ameaças ou eram agredidas constantemente por eles, por isso um dos grandes focos das feministas contemporâneas é a violência contra a mulher e a desconstrução do relacionamento romântico, este "que tudo sofre, que tudo suporta".

---

[9] ONU: Taxa de feminicídios no Brasil é quinta maior do mundo; diretrizes nacionais buscam solução <https://nacoesunidas.org/onu-feminicidio-brasil-quinto-maior-mundo-diretrizes-nacionais-buscam-solucao>

O feminicídio tem marcas muito fortes na América Latina, afinal, embora seja uma das regiões do planeta que mais avançaram recentemente na criação de legislações com intuito de combater a violência contra mulheres, ainda se destaca por casos de violência extrema e diferenças imensas no que se refere a gênero. Para debater e conscientizar as pessoas sobre a gravidade desse problema, grupos na internet também se articulam criando, revisando e se apropriando de conceitos diversos para falar sobre violência de gênero.

Através de articulação na internet, mulheres se unem para denunciar as violências machistas "de cada dia", aquelas cotidianas que persistem como reforço de práticas violentas "mais graves". Campanhas online com intuito de encorajar mulheres a denunciarem violência de gênero ganharam força e repercussão. Em 2015, a hastag #MeuPrimeiroAssédio movimentou a internet no Brasil inteiro e reuniu muitíssimos relatos angustiantes de diversas mulheres que mostram que o primeiro assédio acontece geralmente enquanto elas nem eram adolescentes ainda. Outra campanha desse tipo foi a #MeuAmigoSecreto, que visou expor atitudes machistas de colegas e conhecidos através de "indiretas" no Twitter e Facebook.

Nos debates na internet acerca de abusos sofridos pelas mulheres, alguns termos se tornaram populares. São palavras que definem abusos psicológicos, morais e intelectuais baseados no gênero e que podem ocorrer dentro de um "relacionamento romântico" ou em outras relações menos íntimas como, por exemplo, no ambiente de trabalho ou faculdade. Estes termos são, por exemplo: *gaslighting*; *slut-shaming*; *mansplaining*; *manterrupting*; *bropriating*.

Gaslighting – é uma espécie de jogo de manipulação psicológica no qual o "equilíbrio mental" da mulher é colocado em questão a fim de interditar sua fala. Dito de outro modo, trata-se de uma forma de abuso em que a mulher é "tachada de louca", simplesmente por ser mulher. Revela-se em falas como: "Isso é TPM", "são os hormônios que deixam ela louca", "não ouve o que ela diz, ela é louca".

Esta palavra vem de um filme estadunidense, de 1944, dirigido por George Cukor. Neste filme, um homem utiliza diversas táticas para abalar e confundir sua esposa até que esta acredite que enlouqueceu, entre outras coisas, ele apaga e acende as luzes da casa e finge que só ela viu aquilo. Seu intuito é fazer com que a esposa seja internada como doente mental para que ele possa ficar com sua fortuna. Nas situações contemporâneas, a expressão Gaslighting veio para dar nome às manipulações que um homem faz para fazer uma mulher "passar por louca", por "desequilibrada", a fim de fazer com que os depoimentos e/ou opiniões dessa mulher sejam completamente desconsideradas como válidas ou de alguma importância. A intenção desse agressor é associar a agredida à imagem forjada de uma mulher classificada pelo que se entende como "histérica", "neurótica" e, assim, fazer com que sua palavra perca todo crédito social. Gaslighting não é simplesmente brigar com alguém e insultar "sua louca!", não é algo tão simples, é algo muito mais profundo, é quando um homem se aproveita da confiança do ambiente íntimo, doméstico, para agir abusando psicologicamente uma mulher, assim, há algo de sociopata neste tipo de abusador. A lei Nº 11.340, de 7 de agosto de 2006, conhecida como Lei Maria da Penha, dispõe o seguinte sobre a violência psicológica e moral:

Art. 7o São formas de violência doméstica e familiar contra a mulher, entre outras:
[...]
II – a violência psicológica, entendida como qualquer conduta que lhe cause dano emocional e diminuição da autoestima ou que lhe prejudique e perturbe o pleno desenvolvimento ou que vise degradar ou controlar suas ações, comportamentos, crenças e decisões, mediante ameaça, constrangimento, humilhação, manipulação, isolamento, vigilância constante, perseguição contumaz, insulto, chantagem, violação de sua intimidade, ridicularização, exploração e limitação do direito de ir e vir ou <u>qualquer outro meio que lhe cause prejuízo à saúde psicológica e à autodeterminação</u>; [...]
V – a violência moral, entendida como qualquer conduta que configure calúnia, difamação ou injúria. (grifos meus)

No trecho grifado é possível reconhecer o Gaslighting enquanto fato contemplado pela Lei Maria da Penha. Este dispositivo legal compreende como sujeito ativo desse tipo de violência contra a mulher não apenas seu companheiro, mas qualquer homem que disponha do âmbito íntimo familiar, deste modo um pai, irmão, cunhada, primo, até um amigo muito íntimo que frequente o ambiente como se fosse da família, pode ser enquadrado como sujeito ativo desse tipo de violência psicológica. A maior dificuldade, aqui, seria provar em juízo a prática de Gaslighting e seus efeitos nocivos à vítima da violência.

Slut-shaming – É uma expressão de origem não muito clara, mas que tem o sentido aproximado de "chamar de puta". É o tipo de prática até mais cotidiana, que julga o comportamento sexual de uma mulher a partir de suas roupas, jeito de falar, maquiagem etc. É uma prática abusiva de censura à sexualidade, com consequências ainda piores, porque traz em si velado o entendimento de que "há mulheres que se comportam como putas e, por isso, são responsáveis por sofrerem violência sexual". Isso faz lembrar o caso do Brasil quando, em 2014, um levantamento feito pelo Instituto de Pesquisa Econômica Aplicada (Ipea) indicou que 65% dos 3.810 entrevistados concordam, total ou parcialmente, com a ideia de que mulheres que usam roupas que deixam o corpo à mostra merecem ser violentadas sexualmente. O resultado dessa pesquisa causou justíssima indignação entre diversas mulheres. Então, um dia depois, a jornalista Nana Queiroz criou um movimento que gerou uma enxurrada de posts no Facebook em protesto virtual, no qual as mulheres postaram fotos em que a frase "Eu não mereço ser estuprada" aparecia em cartazes que seguravam ou mesmo pintada pelo próprio corpo. Alguns dias depois, o instituto do governo informou que os dados divulgados inicialmente estavam errados e disse que eram 26% e não 65% os que apoiam ataques a mulheres[10], no entanto, ainda é alarmante que mais de 1/4 dos entrevistados pensem dessa maneira. Portanto, a questão da slut-shaming traz em si velada a problemática do mito da liberdade sexual da mulher, tema bastante em voga no feminismo atual.

Mansplaining, manterrupting e bropriating – Ao pé da letra, *mansplaining*, quer dizer "homem explicando", ocorre quando um homem insiste em explicar algo óbvio a uma mulher, algo que ele sabe que ela sabe até mais do que ele, mas ele se acha no direito de "fazer um monólogo" para explicar algo que ela já sabe, coisa que, claro, ele nunca faria com um homem. O termo *mansplaining* ficou popular através da escritora Rebecca Solnit que em sua obra *Os homens explicam tudo para mim* (2017) – em inglês *Men explaining things to me* – relata um caso em

---

[10] Errata da pesquisa "Tolerância social à violência contra as mulheres" <http://www.ipea.gov.br/portal/index.php?option=com_content&vie w=article&id=21971&catid=10&Itemid=9>

que, num jantar, um homem não parava de recomendar um livro sobre um assunto que ela deveria ler, explicando didaticamente o livro como quem explica a uma criança de sete anos, sem deixar Rebecca conseguir dizer que o livro do qual ele estava falando era de autora dela. Precisou que a amiga dela repetisse várias vezes que Solnit, do livro, era a própria na frente dele. Ela puxa esse assunto para tratar de um sintoma do machismo que trata mulheres como criaturas idiotas e infantis. O termo *manterrupting* é parecido, literalmente quer dizer "homem interrompendo", ocorre quando um homem não deixa uma mulher concluir qualquer frase ou raciocínio que esteja desenvolvendo, sempre interrompendo sua fala. As razões veladas nessa prática abusiva se identificam com as citadas anteriormente: uma presunção machista de que toda mulher é burra e "fala demais". Já *bropriating* é um tipo de apropriação intelectual, ocorre quando um homem se apropria de uma ideia, um texto, uma criação de uma mulher e se aproveita para tomar os créditos daquilo como se fosse dele. Isso é muito comum em ambientes acadêmicos, em ambiente de trabalho, mas também em relações íntimas quando um irmão, primo, amigo e até

51

companheiro se apropria de algo que a mulher próxima dele falou/criou para tomar os louros e parecer inteligente entre as outras pessoas. Por isso a palavra *bropriating* pode ser desmembrada em *"brother"* (irmão) e *"appropriation"* (apropriação), de modo que *bropriating* poderia ser traduzida como "irmão se apropriando", justamente porque se refere a um homem que se aproveita da proximidade que tem de uma mulher para se apropriar de suas criações intelectuais. Todas essas três têm em comum o fato de configurarem práticas abusivas de silenciamento, configuram abusos intelectuais que podem acontecer nos mais diversos ambientes.

As feministas da contemporaneidade também não se privam de questionar a representação da mulher nos canais de comunicação. Se em tempos atrás a imposição dos padrões de beleza às mulheres estava nas revistas, filmes, novelas e publicidade de modo geral, hoje essa imposição invadiu todos os espaços e está cada vez mais arraigada no cotidiano. As "selfies" imediatamente editadas nos smartphones, com filtros que uniformizam e até clareiam o tom da pele, clareiam os dentes, fazem a pessoa aparentar mais magras, entre outras, são publicadas cotidianamente nas plataformas de rede social. A imagem que muitas pessoas têm de si próprias é a imagem "falsificada" da foto publicada e o objetivo é atingir um padrão de falsificação da própria imagem tão humanamente impossível quanto o mesmo que se viu a vida inteira nas imagens divulgadas pela grande mídia. O resultado disso é que hoje temos cada vez mais jovens mulheres, meninas, adoecendo sob um estado caracterizado por ansiedade, depressão e inquietude com relação à imagem real que elas têm, a imagem não editada pelos aplicativos dos smartphones. Já se usa o termo "Dismorfia de Snapchat" pra problematizar casos em que adolescentes e jovens querem fazer cirurgia plástica para ficarem iguais à imagem que têm com filtros do aplicativo Snapchat. Essa obsessão pode até configurar uma espécie de transtorno psicológico da era atual.

Assim, a crítica a esse padrão de imagem também aparece como pauta nos grupos de "ciberfeminismo". Pois, mais do que se apropriar das maquiagens, saltos e vestidos no intuito de se empoderar, as feministas de quarta onda questionam o padrão de beleza estabelecido e seus efeitos psicológicos cada vez mais doentios. Na busca de oferecer alternativas ao padrão irreal da aparência, grupos se unem na internet e divulgam vídeos para trocar informações e experiências de como manter os cabelos naturais, abandonando os tratamentos químicos de alisamento, a fim de assumir e valorizar a beleza de cabelos crespos e cacheados, por exemplo – assim, a questão do racismo dos padrões de beleza também é levantada aqui – também se fortalece o ativismo contra a discriminação a pessoas gordas.

Nota-se, pois, que são questões da quarta onda do feminismo a "liberdade" e o "respeito às diversidades", em busca de alcançá-las até os seus limites. Reconhecendo que as diversidades humanas são muitíssimo amplas e que nossas vivências influenciam nossos pensamentos de maneira direta, foi daí que surgiu um conceito muito comum nas em diversos discursos no feminismo atual: o lugar de fala. A questão do lugar de fala figura como importantíssima para nos lembrar que não se desvincula o discurso da pessoa que fala das experiências pessoais e condição social desta mesma pessoa. Sobre esse assunto a filósofa Djamila Ribeiro escreveu um livro de título O que é lugar de fala? (2017) que figura como uma leitura fundamental para compreender com clareza o conceito.

Dito de maneira resumida, Djamila Ribeiro afirma que "lugar de fala" se trata de reconhecer que a pessoa que está falando "fala a partir de algum lugar", ou seja, trata-se da pessoa que fala fazer o exercício de se perguntar a partir de qual lugar fala, a partir de que ótica vê e direciona seu discurso. Fazer esse questionamento fará muita diferença no que será dito no discurso final.

Em seu pensamento, Djamila também assevera a importância de não confundir o conceito de lugar de fala com o conceito de representatividade, porque confundir esses dois conceitos vai culminar em essencialismo, ou seja, vai resultar na ideia de que só a pessoa que possuir em sua natureza o elemento essencial que a identifique como sendo "algo" está legitimada a falar a respeito deste "algo". Assim, uma pessoa não precisa, por exemplo, ser mulher para falar a favor do feminismo, ao contrário, um homem pode e deve defender o feminismo também, só que com a consciência de que ele fala pertencendo a um lugar específico, o de homem, e este lugar não é o mesmo lugar ocupado pela pessoa que sofre as opressões sobre as quais o feminismo se insurge, ou seja, a mulher. Ele ocupa o lugar do privilegiado, por isso, também ao criticar o feminismo vai fazê-lo a partir da posição de privilegiado pelo sistema patriarcal que ele ocupa, e essa condição não pode ser negligenciada como se não houvesse nenhuma ligação entre o que se fala e quem fala.

Outra problemática que causa bastante controvérsia, aparecendo como pauta constante no feminismo atual, é a questão do direito ao aborto. A luta por esse direito não é uma novidade na agenda feminista, existe desde a década de 1970 – auge da segunda onda – no entanto, neste início do século XXI a discussão sobre o direito ao aborto tem sido enfatizado no contexto do debate sobre a efetivação dos direitos humanos da mulher. Direito garantido em diversos países – sobretudo nos economicamente desenvolvidos – em países periféricos do ocidente, como os da América Latina, a questão do aborto ainda é tabu por conta da forte influência de dogmas religiosos no legislativo. Na contramão deste fato, há países emergentes que já legalizaram a prática, como Cuba e Uruguai. No Brasil, o aborto é altamente restrito, só não sendo punido quando praticado por médico – conforme se verifica no art. 128 do Código Penal Brasileiro – apenas sob duas circunstâncias: se não há outro meio de salvar a vida da gestante – o chamado "aborto necessário"; se a gravidez resulta de estupro e o aborto é precedido de consentimento da gestante ou, quando incapaz, de seu representante legal – que é o "aborto no caso de gravidez resultante de estupro". Em 2012, através da Arguição de Descumprimento de Preceito Fundamental (ADPF) 54, o STF também garantiu o direito à interrupção de gravidez à mulher grávida de feto anencéfalo. Em 2018, a votação de um projeto de lei de legalização do aborto na Argentina movimentou feministas em toda América Latina. Assim como no Brasil, a interrupção voluntária da gravidez é crime na Argentina, a não ser em casos de estupro e que ofereçam risco à vida da mulher. Segundo o projeto de legalização, seria possível interromper a gravidez durante as primeiras 14 semanas de gestação. Mas, após ser aprovada pela Câmara, a proposta foi rejeitada no Senado, mantendo mais um país latino-americano entre os que tratam como criminosa a mulher que não aceitar a maternidade enquanto imposição pública.

Como podemos perceber, no movimento feminista contemporâneo muitas das pautas das ondas anteriores são retomadas e se cruzam, além de haver abertura de espaço para problemáticas e conceitos novos. Nesse sentido, é forte a influência dos questionamentos filosóficos trazidos por Judith Butler acerca do sentido conceitual do gênero em Problemas de Gênero (2015) – livro que, embora publicado pela primeira vez em 1990, no seio da terceira onda do feminismo, reverbera com força nos dias de hoje, porque leva ao extremo a proposta de aniquilação da identidade de gênero.

> No pensamento trazido por Butler, não há dúvidas de que o feminismo é uma luta pelos direitos das mulheres, como sempre foi, mas é também um desmembramento do que se categoriza como "mulheres". Consequentemente, essa desconstrução reflete na categorização do que se entende como "homens" e, no extremo, no gênero como um todo. Butler vai à matriz que assenta toda a filosofia para desmontar desde a raiz todos os estereótipos de gênero. Sendo o gênero uma ficção social que diferenciam – e hierarquiza – homens e mulheres, é um erro afirmar que o feminismo tem como objetivo a igualdade entre os gêneros, afinal, o gênero é justamente uma diferença entre os sexos, inventada. O que o feminismo tem por norte é a abolição do gênero e a igualdade entre os sexos e, por consequência, a emancipação das fêmeas, inferiorizadas nessa hierarquia. (SILVA, 2018, p. 42)

Assim, não é exagero afirmar que o feminismo contemporâneo é um feminismo perpassado por vozes tão plurais quanto não se experimentou com tanta expressividade antes.

Não se pode ignorar que a misoginia é uma chaga impregnada na sociedade de tal modo que não é raro que a natureza do corpo nascido com vagina seja alvo de repulsa, quando não ódio. Por exemplo, ser até cultural a ideia de que vagina é "suja", ou mesmo o tratamento social dado ao assunto "menstruação". Parece até absurdo pensar o quanto a menstruação é parte natural da vida da maioria das meninas e mulheres em toda parte do mundo, mas, mesmo assim, é motivo de vergonha e objeto de estigmatização das mulheres. É um assunto delicado, mas é fato que é comum também gays assumidamente detestarem mulheres e, sem nenhum constrangimento, dizerem que "vagina fede", dentre diversas outras práticas que revelam ódio ao corpo nascido com vagina, revelando misoginia. Gays são homens e, como tal, são educados e criados enquanto homens numa sociedade que privilegia homens. Mas nota-se que falta a muitos gays uma reflexão profunda sobre a igualdade entre os sexos e sobre o lugar privilegiado que ocupam num mundo de supremacia masculina. É claro que em nenhum momento estamos aqui desqualificando ou negando as problemáticas sociais em que os gays estão inseridos, o que estamos é fazendo um alerta de que é possível que uma vítima de discriminação social seja, ela própria, o agente opressor de algo que ela não sofre. Não sentir atração sexual por corpos nascidos com vaginas é simplesmente ser gay, odiar e repudiar esses corpos é misoginia. Esse estranhamento entre o meio gay masculino e o feminismo é uma situação comum de mal estar que poucos assumem publicamente, mas queremos que não signifique que simplesmente há um racha entre as causas feministas e as LGBTs, queremos que signifique que se trata de mais uma nuance do feminismo contemporâneo que precisa ser trabalhada.

CONSIDERAÇÕES FINAIS

O feminismo se trata de um movimento de reivindicações de direitos por sujeitos específicos da sociedade – as mulheres – como tal, os direitos que o movimento reclama chegam num tempo histórico inserido em contextos sociais específicos. Como vimos, é assim que se dá a classificação do feminismo em ondas. Como todos os direitos, as conquistas de direitos advindas do feminismo não são um "dado espontâneo e natural", mas um constructo, uma criação que depende de pleito e vigilância, senão acaba que podem ser revogados com o tempo pela força dos setores opressores que se beneficiam das injustiças sociais. Falando de outra maneira, pode-se dizer que é algo semelhante à construção de um muro, onde cada tijolo é um direito reconhecido e garantido, e o próximo tijolo que é colocado no muro se apoia no tijolo anterior, numa época em que o contexto social convergiu para tanto. O feminismo, portanto, possui linha evolutiva, de maneira que o que temos atualmente se configurou mediante muito tempo de evolução política e social, que não aconteceu "naturalmente", "por si só", pois dependeu da intervenção de pessoas interessadas em mudar quadros sociais injustos e, para isso, travaram luta contra o *status quo*. Como o passar do tempo, cada "onda" adicionou importantes direitos e valores para as mulheres de sua época até chegarmos à época em que nos encontramos agora.

O feminismo do início do século XXI se multiplica em várias tendências e se difunde e dialoga através da tecnologia digital retomando o sentido de coletividade, porém não enquanto simplesmente "unidade", isto é, com um sentido de "somos todas iguais", ao contrário, com o sentido de diversidade, de "somos diferentes", de "estamos sujeitas a condições diferentes" e, por isso, precisamos pensar juntas soluções que nos contemplem nos limites de nossas diferenças. Apesar de ainda não ser possível traçar uma coesão teórica da quarta onda do feminismo – dado o fato que estamos vivendo seu desenrolar, suas construções e mudanças – neste movimento, são apontadas como pautas frequentes a cultura do estupro, a gordofobia, o racismo, as representações machistas na publicidade, a misoginia online, a violência doméstica contra as mulheres, a violência contra as mulheres nos transportes públicos, a discriminação com intuito de inferiorizar as mulheres no ambiente do trabalho, nas universidades. Tudo isso com o uso das plataformas de redes sociais para fins de conseguir comunicação, oportunizar o desenvolvimento de debates sobre as pautas em questão e articular as ativistas em grupos organizados.

Por fim, será que o feminismo contemporâneo visa ultrapassar a ideia de que o feminismo luta apenas por mulheres, mas que se trata se uma causa mais ampla, isto é, uma causa de justiça a humanidade? Há quem defenda isso.

O fato é que feminismo nunca foi um movimento homogêneo, sempre existiram diferentes correntes de pensamento e isso é importante. O que talvez o feminismo contemporâneo esteja percebendo é que não é necessário ao feminismo que haja uma homogeneidade capaz de engajar todos numa luta só, mas que, mesmo sendo diferentes, é fundamental que sejam construídas pontes de diálogo capazes de interligar essas lutas, pois seres humanos são sim diferentes, não se pode simplesmente ignorar a pluralidade dos indivíduos. Deste modo há que se dialogar no sentido de que "como juntas, com nossas diferenças, é possível construir um projeto maior, um projeto de justiça?". Certamente, o grande desafio aqui posto é o de não enxergar nas diferenças muros que nos separam, mas tentar atravessar um pouco esse muro a fim de, respeitando as diferenças, pensarmos em conjunto com o outro.

REFERÊNCIAS

BEAUVOIR, Simone de. *O Segundo Sexo*: 2. A experiência Vivida. 2 ed. São Paulo: Difusão Europeia do Livro, 1967. Tradução de: Sergio Milliet; Capa de: Fernando Lemos.

BELTRÃO, Tatiana. *Divórcio demorou a chegar no Brasil*. 2017. Disponível em: <https://www12.senado.leg.br/noticias/especiais/arquivos/divorcio-demorou-a-chegar-no-brasil>. Acesso em: 12 nov. 2018.

BRASIL. Código nº 3.071, de 01 de janeiro de 1916. *Código Civil dos Estados Unidos do Brasil*. Rio de Janeiro, RJ, Disponível em: <https://www2.camara.leg.br/legin/fed/lei/1910-1919/lei-3071-1-janeiro-1916-397989-publicacaooriginal-1-pl.html>. Acesso em: 12 jul. 2018

BRASIL. Lei nº 11.340, de 07 de agosto de 2006. Brasília-DF, Disponível em: <http://www.planalto.gov.br/ccivil_03/_Ato2004-2006/2006/Lei/L11340.htm>. Acesso em: 21 dez. 2018.

BRASIL. Lei nº 13.104, de 09 de março de 2015. Brasília-DF, Disponível em: < http://www.planalto.gov.br/ccivil_03/_Ato2015-2018/2015/Lei/L13104.htm>. Acesso em: 24 dez. 2018.

BUTLER, Judith. *Problemas de Gênero*: Feminismo e Subversão da identidade. 8 ed. Rio de Janeiro: Civilização Brasileira, 2015. Tradução: Renato Aguiar.

DARMS, Lisa. *The Riot Grrrl Collection*. New York: Consortium Book Sale, 2013.

DAVIS, Angela. *Mulheres, raça e classe*. São Paulo: Boitempo, 2016. Tradução Heci: Regina Candiani.

DESPENTES, Virginie. *Teoria King Kong*. São Paulo: n-1 edições, 2016. Tradução de: Márcia Bechara.

GASLIGHT. Direção de George Cukor. Roteiro: John van Druten, Walter Reisch, John L. Balderston. Estados Unidos: Arthur Hornblow, Jr., 1944. (114 min.), son., P&B. Legendado.

KAUR, Rupi. *Outros jeitos de usar a boca*. São Paulo: Planeta, 2017. Tradução de Ana Guadalupe.

MARQUES, Teresa Cristina de Novaes. *O Voto Feminino no Brasil*. Brasília: Edições Câmara, 2018.

RIBEIRO, Djamila. *O que é lugar de fala?*. Belo Horizonte-MG: Letramento: Justificando, 2017.

SILVA, Jacilene Maria. *Feminismo e Identidade de Gênero*: Considerações com base no pensamento de Judith Butler. Recife: Independently published, 2018.

SOLNIT, Rebecca. *Os homens explicam tudo pra mim*. São Paulo: Cutrix, 2017. Imagens de Ana Tereza Fernandez; tradução de Isa Mara Lando.

PRATA, Monique. *Putafeminista*. São Paulo: Editora Veneta, 2018.

WOOLF, Virginia. *Profissões para mulheres*: e outros artigos feministas. Porto Alegre-RS, 2013. (Coleção L&PM; POCKET; v. 1032). Tradução de: Denise Bottmann.